LEYENDAS DE MÉXICO Y LA AMÉRICA CENTRAL

UN CUENTO DE

QUETZALCÓATL

ACERCA DEL CHOCOLATE

Nuevamente Contado por Marilyn Parke y Sharon Panik
Traducción al Español por Maria Elena Méndez Robbins
Ilustraciones por Lynn Castle

Consultores para esta serie
R. Robert y Maria Elena Robbins

Fearon Teacher Aids
Una Compañía de Paramount Communications

Este libro es dedicado a Kris, Steve, Bob, Todd, Megan, y Sara.

Las ilustraciones en este libro se crearon a Color Prisma.
Los bordes incluyen representaciones jeroglíficas de los códices de Mesoamérica
precolombina (la región que incluye México y la América Central).

Directora Editorial: Virginia L. Murphy

Redactoras: Virginia Massey Bell y
Lisa Schwimmer

Ilustraciones de Cubierta
e Interior: Lynn Castle

Diseño de Cubierta
e Interior: Marek/Janci Design

ISBN 0-86653-958-1

Impreso en los Estados Unidos de América
1.9 8 7 6 5 4 3 2 1

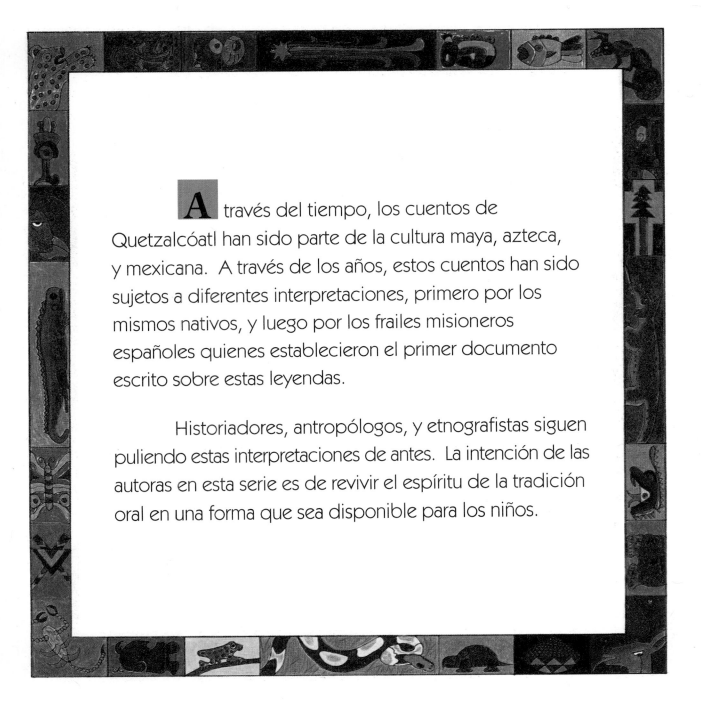

A través del tiempo, los cuentos de Quetzalcóatl han sido parte de la cultura maya, azteca, y mexicana. A través de los años, estos cuentos han sido sujetos a diferentes interpretaciones, primero por los mismos nativos, y luego por los frailes misioneros españoles quienes establecieron el primer documento escrito sobre estas leyendas.

Historiadores, antropólogos, y etnografistas siguen puliendo estas interpretaciones de antes. La intención de las autoras en esta serie es de revivir el espíritu de la tradición oral en una forma que sea disponible para los niños.

Quetzalcóatl (ket-zal-CO-atl) es una figura mitológica de la gente de Mesoamérica (la región que incluye México y la América Central). Se le concede el mérito de haber traído la civilización y el chocolate a la gente de la tierra.

El cacao (ka-KA-o) es un árbol que produce la semilla con que se hace el chocolate. Los aztecas asaban y molían la semilla del cacao hasta que se volvía polvo (choco), luego mezclaban el polvo con agua (atl) para hacer una bebida llamada "chocolatl."

Las chinampas (chi-NAM-pas) eran jardines flotantes que creaban los aztecas con lodo del fondo del Lago Texcoco. El lodo que sacaban del fondo del lago era comprimido en esteras de caña flotantes y se cuidaba como tierra para cultivar.

Quetzalcóatl, el sacerdote, reunió a los niños alrededor del fuego. Les contó un cuento de aquellos días viejos de su antepasado, Quetzalcóatl, el dios. Les dijo primero que Quetzalcóatl era un gran civilizador, traedor del maíz, competidor de Tlaloc en el primer juego de pelota, y proveedor de chocolate a la gente de la tierra. Este es el cuento que él les contó.

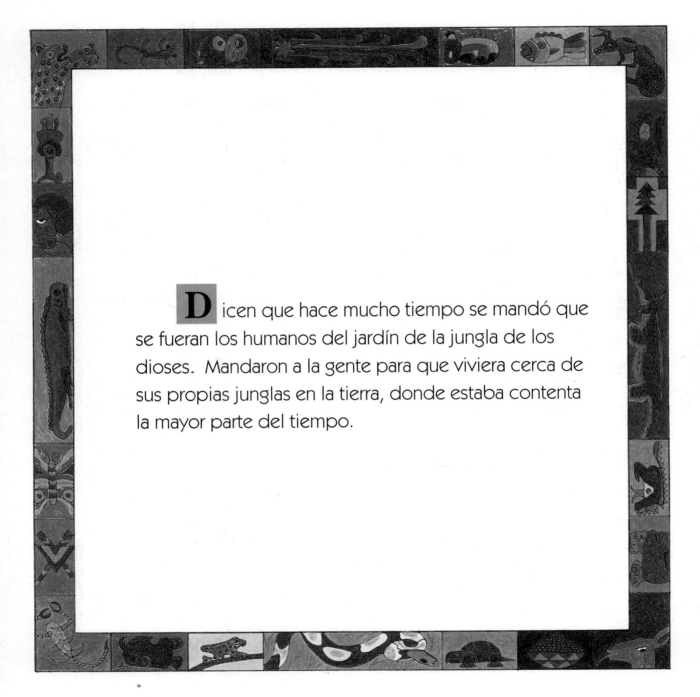

Dicen que hace mucho tiempo se mandó que se fueran los humanos del jardín de la jungla de los dioses. Mandaron a la gente para que viviera cerca de sus propias junglas en la tierra, donde estaba contenta la mayor parte del tiempo.

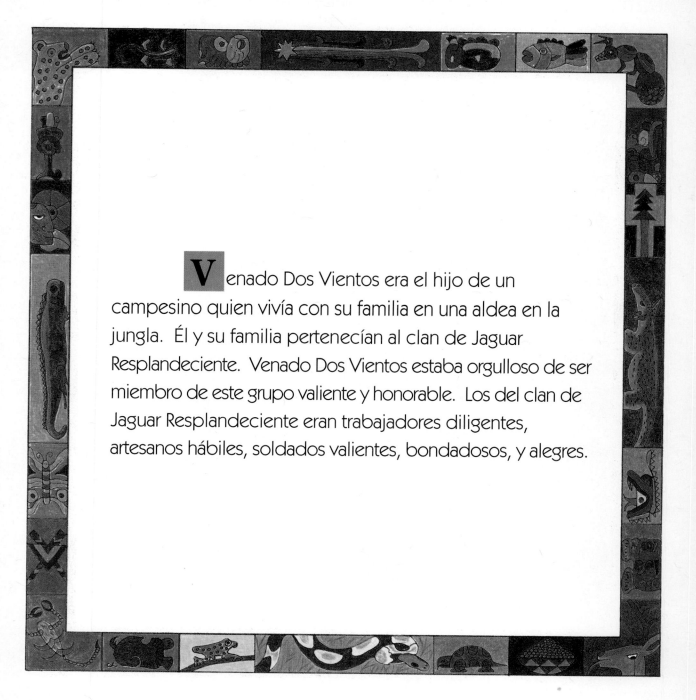

Venado Dos Vientos era el hijo de un campesino quien vivía con su familia en una aldea en la jungla. Él y su familia pertenecían al clan de Jaguar Resplandeciente. Venado Dos Vientos estaba orgulloso de ser miembro de este grupo valiente y honorable. Los del clan de Jaguar Resplandeciente eran trabajadores diligentes, artesanos hábiles, soldados valientes, bondadosos, y alegres.

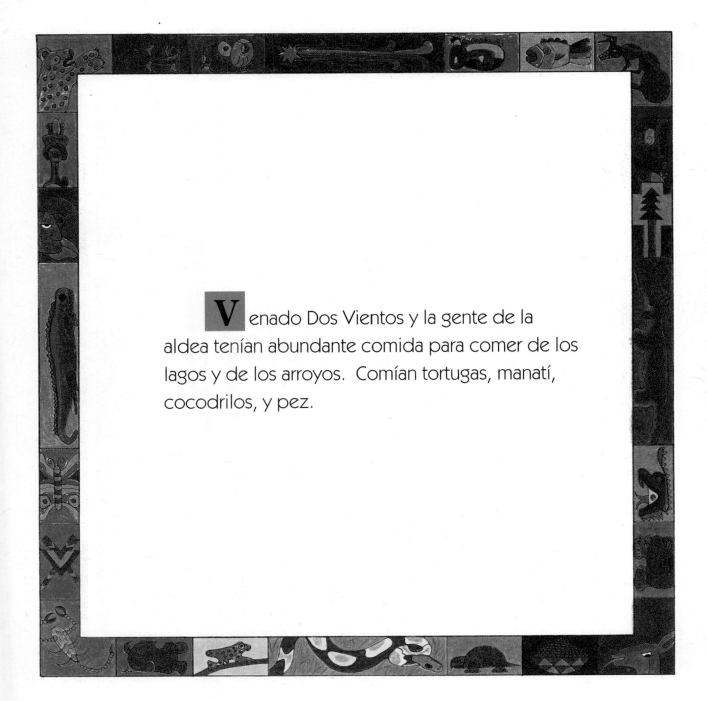

Venado Dos Vientos y la gente de la aldea tenían abundante comida para comer de los lagos y de los arroyos. Comían tortugas, manatí, cocodrilos, y pez.

12

Venado Dos Vientos y los cazadores de su aldea usaban arcos y flechas, cepos, y el atlatl para cazar venados, guajolotes, armadillos, y otros animales.

A veces los cazadores usaban cerbatanas con bolitas para tirarles a los patos, las palomas, y las codornices en lo que volaban por el aire.

En sus chinampas, los campesinos de las aldeas crecían maíz, frijoles, calabazas, melones, camotes, y otras verduras. La gente de las aldeas siempre tenía bastante que comer.

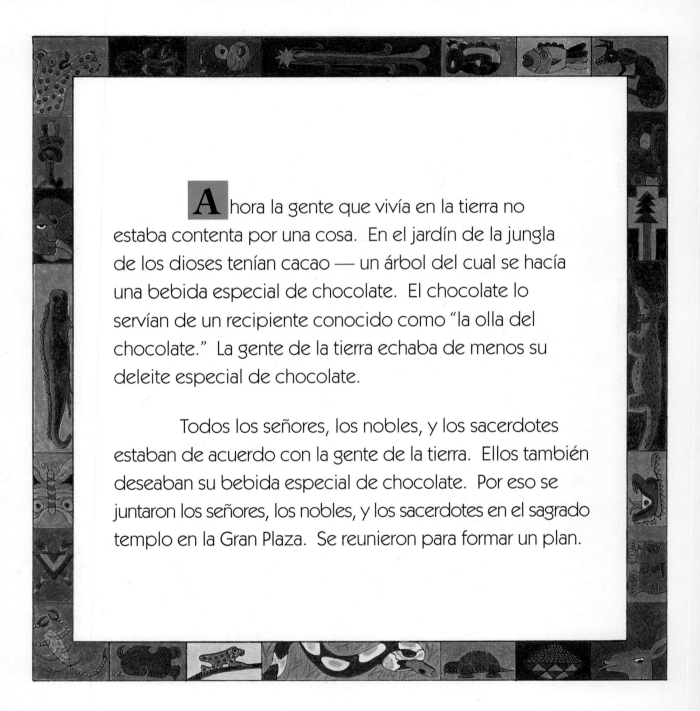

Ahora la gente que vivía en la tierra no estaba contenta por una cosa. En el jardín de la jungla de los dioses tenían cacao — un árbol del cual se hacía una bebida especial de chocolate. El chocolate lo servían de un recipiente conocido como "la olla del chocolate." La gente de la tierra echaba de menos su deleite especial de chocolate.

Todos los señores, los nobles, y los sacerdotes estaban de acuerdo con la gente de la tierra. Ellos también deseaban su bebida especial de chocolate. Por eso se juntaron los señores, los nobles, y los sacerdotes en el sagrado templo en la Gran Plaza. Se reunieron para formar un plan.

19

Al mismo tiempo que los sacerdotes, los señores, y los nobles se reunían en la plaza, Venado Dos Vientos y su chango jugaban a la pelota cerca de allí. Venado Dos Vientos tiró la pelota con fuerza y, por accidente, tiró su pelota de hule a través de la plaza y hacia el interior del templo sagrado.

23

24

Chango se fue rápidamente tras la pelota mientras que Venado Dos Vientos pronto lo seguía. Una vez adentro del lugar prohibido, Venado Dos Vientos encontró a los sacerdotes, los nobles, y los señores en una conversación seria.

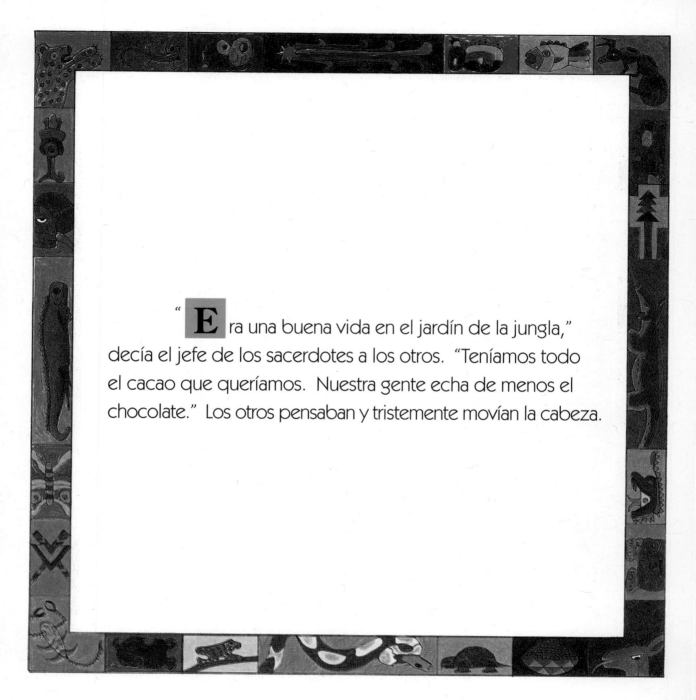

"**E**ra una buena vida en el jardín de la jungla," decía el jefe de los sacerdotes a los otros. "Teníamos todo el cacao que queríamos. Nuestra gente echa de menos el chocolate." Los otros pensaban y tristemente movían la cabeza.

27

28

Del rincón donde estaba escondido, Venado Dos Vientos sin pensarlo dijo, "Tal vez Quetzalcóatl nos ayude. Cuando vivíamos en el jardín de la jungla, mi familia se sentaba bajo el árbol de cacao donde Quetzalcóatl nos dejaba beber chocolate de su copa dorada. A veces mezclábamos la bebida de chocolate con harina de maíz. A mí me gustaba más la bebida con miel, pero a mi papá le gustaba su chocolate con chile."

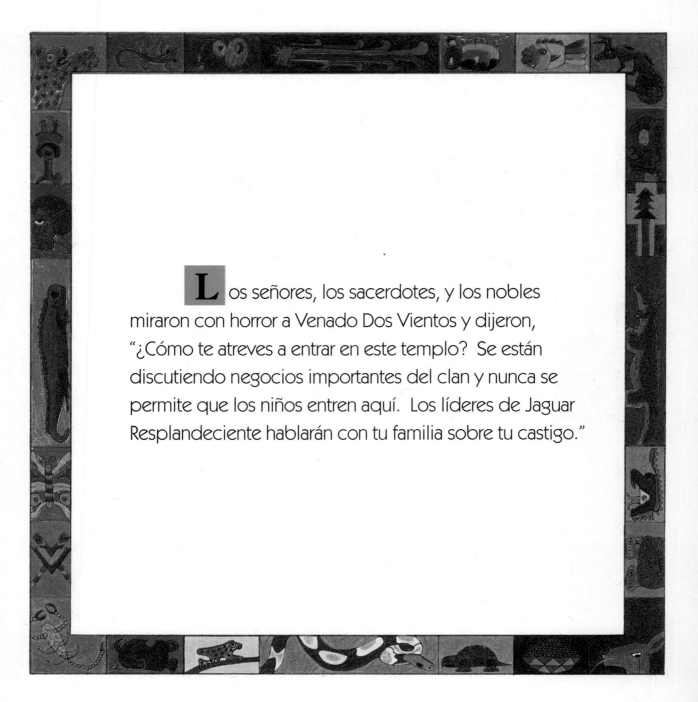

Los señores, los sacerdotes, y los nobles miraron con horror a Venado Dos Vientos y dijeron, "¿Cómo te atreves a entrar en este templo? Se están discutiendo negocios importantes del clan y nunca se permite que los niños entren aquí. Los líderes de Jaguar Resplandeciente hablarán con tu familia sobre tu castigo."

32

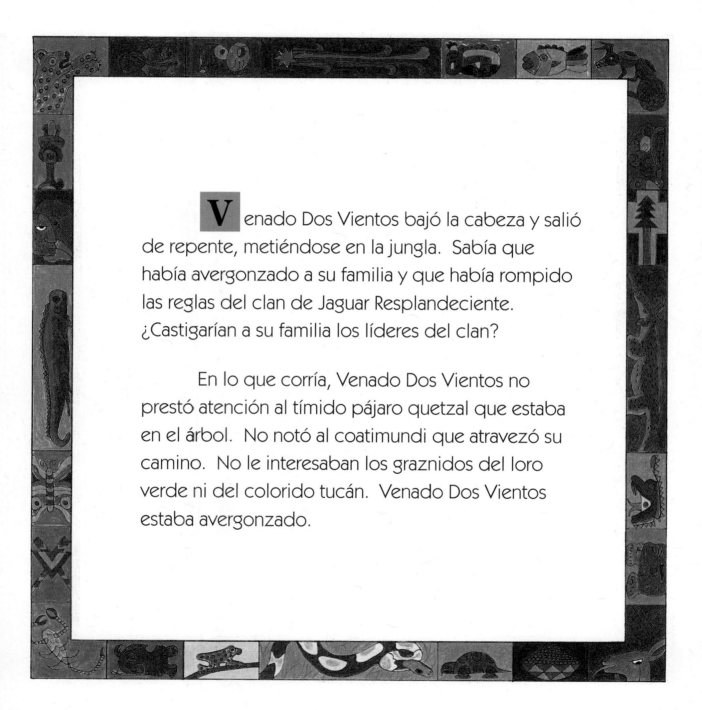

Venado Dos Vientos bajó la cabeza y salió de repente, metiéndose en la jungla. Sabía que había avergonzado a su familia y que había rompido las reglas del clan de Jaguar Resplandeciente. ¿Castigarían a su familia los líderes del clan?

En lo que corría, Venado Dos Vientos no prestó atención al tímido pájaro quetzal que estaba en el árbol. No notó al coatimundi que atravezó su camino. No le interesaban los graznidos del loro verde ni del colorido tucán. Venado Dos Vientos estaba avergonzado.

V enado Dos Vientos se fue vagando alejándose más y más hacia el interior de la jungla obscura donde le daban miedo los ruidos extraños de la noche. Venado Dos Vientos anhelaba ir a casa, aunque sabía que tenía que enfrentarse con su castigo . . . ¿pero dónde estaba su casa? Venado Dos Vientos estaba perdido.

36

Venado Dos Vientos empezó a llorar.
De repente, sintió una gentil y calurosa mano — la
mano de su chango.

Venado Dos Vientos volteó a ver a Chango y empezó a regañarlo. "Chango, todo esto es tu culpa. Jamás encontraré mi hogar, y aunque lo encuentre, viviré en desgracia para siempre."

40

Chango abrazó a Venado Dos Vientos y lo tomó suavemente de la mano. Lo llevó a un lugar especial.

42

Venado Dos Vientos y Chango entraron en una arboleda mágica donde las estrellas brillaban con resplandor y la luna iluminaba los muchos árboles de la jungla. Chango lo jaló hasta el centro del bosque donde estaba situado el más bello y más grande árbol de cacao que Venado Dos Vientos jamás había visto.

Chango dijo en una suave y consoladora voz, "Venado Dos Vientos, aquí está la vaina de cacao que tú necesitabas. Tiene semillas de chocolate adentro. Llévale este tesoro a tu aldea. Los mayores del clan ya no estarán enojados contigo. Ya no causarás vergüenza a tu familia."

Venado Dos vientos se sonrió con Chango. Luego, ante sus mismos ojos, miraba en lo que se transformaba Chango en el poderoso Quetzalcóatl.

45

"**A**hora tienes que dejar este lugar," dijo Quetzalcóatl. "Y prometer nunca regresar. Atesora estas semillas de cacao. Míralas crecer. Tú y tu clan de Jaguar Resplandeciente tendrán chocolate para siempre. Y de aquí en adelante, serás conocido como Señor Chocolate, el muchacho quien trajo el chocolate a la gente de la tierra."

Consultores

E.W. Adams	Ph.D., Archaeologist, University of Texas, San Antonio, Texas
Richard Ammon	Author, Middletown, Pennsylvania
Dr. Rosita Arvigo	Director, IX Chel Tropical Research Centre, San Ignacio, Cayo, Belize
Frances Berdan	Ph.D., Chair and Professor, Department of Anthropology, California State University, San Bernardino, California
Inga Calvin	Epigrapher, Denver Art Museum, Denver, Colorado
Chocolate Manufacturers Association of America	McLean, Virginia
Jane Stevenson Day	Ph.D., Chief Curator of Archaeology, Denver Museum of Natural History, Denver, Colorado
Ghiradelli Chocolate Company	San Leandro, California
Hershey Food	Hershey, Pennsylvania
Carlos Lopez	Mexico City, Mexico
Mary Lou Lovett	Art Instructor, Poudre School District, Fort Collins, Colorado
Emma Martinez	Educator, Chapter 1, Poudre School District, Fort Collins, Colorado
Lynette Marvin	Educator, Chapter 1, Poudre School District, Fort Collins, Colorado
Gordon McEwan	Ph.D., Curator, Art of the Americas, Denver Art Museum, Denver, Colorado
MaryJean Nelson	Ph.D., Art Historian, Coronado, California
Robert V. Parke	Ph.D., Former Chairman, Department of Botany, Colorado State University, Fort Collins, Colorado
Perry Ragouzis	Ph.D., Former Chairman, Department of Art, Colorado State University, Fort Collins, Colorado
Maria Elena Robbins	Translator and Educator, Austin, Texas
R. Robert Robbins	Ph.D., Archaeo-Astronomer, University of Texas, Austin, Texas
George Stewart	Ph.D., Archaeologist, National Geographic Magazine, Washington, D.C.
John A. West	Ph.D., Phycologist, University of California, Berkeley, California
Yvonne Wittreich	Ed.D., Chapter 1 Coordinator, Poudre School District, Fort Collins, Colorado